MINECRAFT

마인크래프트

좀비를 찾아라

그리고 다른 몹들도

탐색 장소

그어어! 잠깐. 방금 뭐였지? 신음소리예요!
아, 좀비! 좀비 계열로부터 안전한 곳이 있기나 할까요?

용감한 탐험가 다섯 명이 각자 모험을 떠났는데,
그 뒤로 모습을 보이지 않아요.
좀비에게 잡혀 버린 걸까요? 탐험가들이 모두 잘 있는지 확인해 주시겠어요?
아, 그리고 모험하는 동안 성가신 좀비에도 주의를 소홀히 하지 마세요!

좀비를 찾아라

버섯 구하기

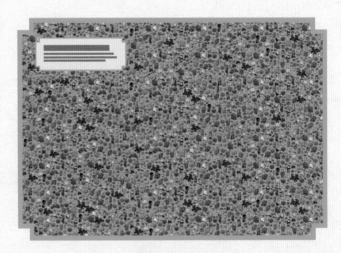

똑딱 똑딱... 쾅!

드라운드를 발견하라

비타민 바다를 헤엄쳐

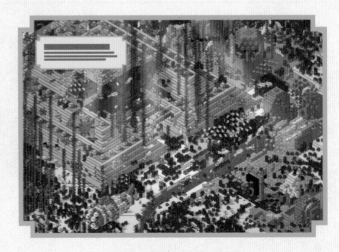

바다 유적의 바닥에

허스크를 사냥하라

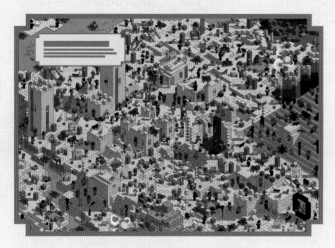

널 사막에 버려두진 않을 거야

사악한 마녀가 말썽이군

좀비 주민을 탐지하라

약탈자 대 주민

독서가의 새벽

좀비화 피글린을 찾아라

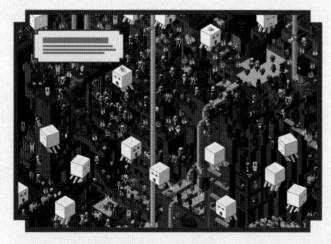

네더라고 하지 마

한 바퀴 돌아볼까

좀비를
찾아라

용감한 바비는 동물원을 만들려고
수동적인 몹을 모으지만,
그 과정에서 많은 적을 만나요.

바비는 현재 희귀한 갈색 무시룸을 찾아다니는 중인데,
요 근처에 있다는 소문을 들었어요.
단서를 얻고 나서, 바비는 대량의 TNT로 무장하고
이 특이한 몹을 찾기 위한 탐험을 떠났어요.
하지만 그늘 속에 좀비, 크리퍼, 거미가 도사리고 있는데,
과연 무사히 여행을 마칠 수 있을까요?

용감한 바비

바비는 용감한 건지 어리석은 건지 잘 구분이 안 가요. 바비는 모든 몹을 좋아하지만
특히 폭발 공격을 하는 크리퍼를 동경하죠. 그래서 방어용으로 칼과 활 대신 TNT를 들고 다녀요.
문제는 바비에게 크리퍼 같은 은신 능력이 없을 뿐만 아니라, 가끔은 TNT가 터지기 전에
도망치는 것을 잊기도 한다는 거예요. 바비가 TNT를 써야 할 상황이 생기기 전에 무시룸을
찾을 수 있게 도와주세요.

좀비

해가 뜨더라도, 어두운 숲과 어둠침침한 삼림
대저택에는 좀비들이 낮 동안 생존할 수 있는
그늘이 많아요. 여러분은 그림자 속에 숨어 있는
이 적대적인 몹을 발견할 수 있으세요?

갈색 무시룸

바비의 동물원에는 빨간 무시룸이 많지만 갈색 무시룸은 없어요.
딱 한 번 번식에 성공했지만, 어느 날 배가 고파서 버섯 스튜를
만들기로 결심했죠. 하지만 바비는 갈색 무시룸에서 버섯을 잘라내면
일반 소로 변한다는 사실을 알지 못했어요! 다시는 그런 실수를
하지 않을 거예요!

크리퍼

쉿! 저 소리 들려요? 어딘가에 크리퍼가 숨어 있어요. 언제
달려들지 몰라요! 쾅! 잠깐만요, 저게 크리퍼인가요, 아니면
바비인가요? 이 교활한 몹이 바비를 발견하고 TNT 난투를 벌여
다 죽어버리기 전에 먼저 발견할 수 있는지 알아보세요. 싸움이
벌어진다면 어느 편이든 좋게 끝나지는 못할 거예요!

거미

바비는 이 몹을 조심할 필요가 있어요. 밝은 곳에서는 중립적이지만
그늘에서는 적대적으로 변하거든요. 거미를 발견하고 바비에게
조심해야 할 위치를 알려주실래요?

버섯 구하기

바비는 우련히 어두운 숲에 있는 삼림 대저택과 그 가까이 있는
버섯밭 생물 군계를 발견하게 되었어요. 바비가 갈색 무시룸을 찾도록
도와주실래요?

7

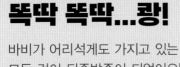

똑딱 똑딱...쾅!

바비가 어리석게도 가지고 있는 TNT를 한꺼번에 폭발시키는 바람에 모든 것이 뒤죽박죽이 되었어요! 여러분은 바비와 갈색 무시룸, 그리고 성가신 적들을 모두 찾아낼 수 있으세요?

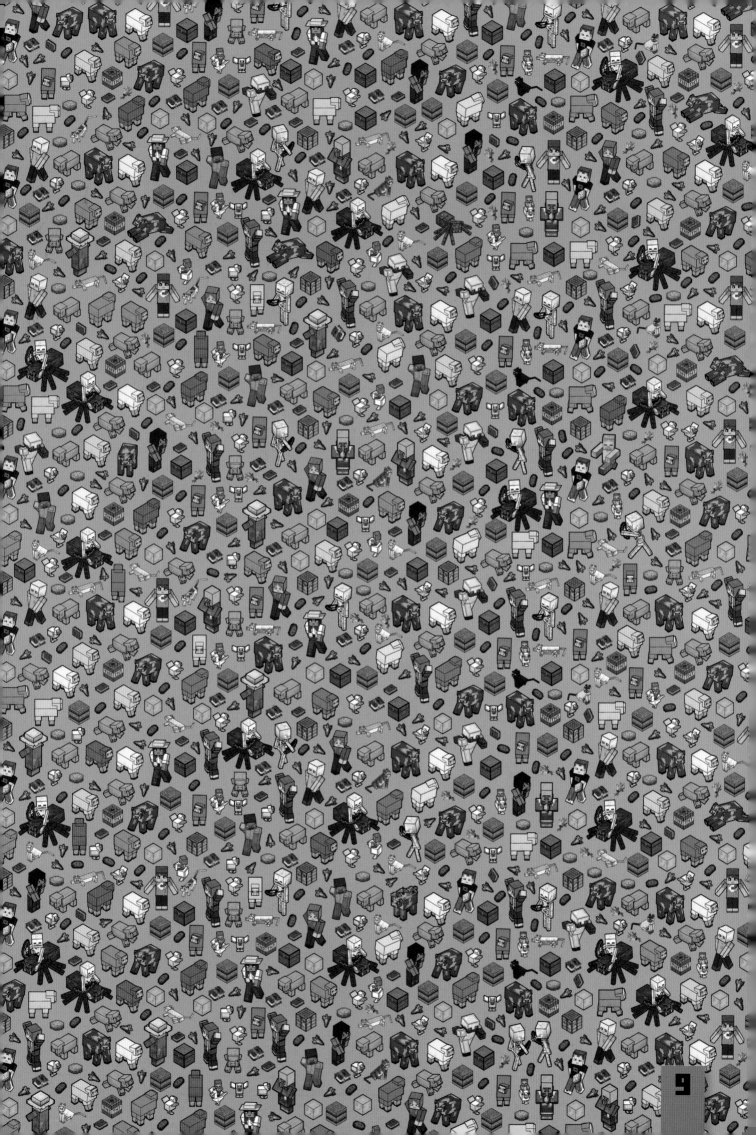

9

드라운드를 발견하라

충동적인 이드리스는
케이크와 올챙이만 가지고
수중 모험을 떠났어요.

물속에서 헤엄치는 이드리스를 발견할 수 있을까요?
케이크는 맛있지만 전투에서는 쓸모가 없고,
가까이에 드라운드가 도사리고 있으니 서둘러서 찾아야 해요.
너무 늦기 전에 이드리스가 찾고 있는
열대어 변종, 올챙이, 바다거북과 이드리스를 쫓는
드라운드를 발견해 보세요!

충동적인 이드리스

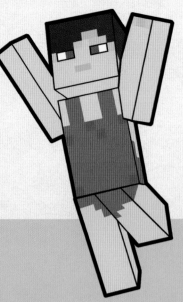

이 사람이 바로 이드리스입니다. 왜 별명이 '충동적'인지 궁금하실 거예요. 이드리스는
계획이라는 것을 전혀 믿지 않아요. 인생 자체가 모험이며, 케이크와 올챙이 티미가 곁에 있는 한
나쁜 일은 절대 일어나지 않을 거라고 생각하죠. 그렇지만 바다에서는 익사, 드라운드, 가디언,
엘더 가디언, 복어 등등 나쁜 일들을 많이 마주치게 돼요. 게다가 익사하는 경우도 있죠.
아, 이미 말했던가요? 휴, 이드리스. 제발 정신 좀 차려라.

드라운드

틀림없이 어딘가 깊은 곳에 이드리스를 덮치려고 기다리는
드라운드가 숨어 있을 거예요. 다행히 삼지창은 없지만, 딱히
케이크에 약한 것은 아니기 때문에 케이크를 챙겼어도 마음의
위안이 될 뿐이죠! 드라운드가 이드리스를 발견하기 전에
여러분이 드라운드를 먼저 찾아낼 수 있을까요?

열대어 메모

내일은 바비의 생일이고 이드리스는 바비가 주황색과 흰색을 아주 좋아한다는 것을 알고
있어요. 그래서 바비에게 그런 색의 열대어를 선물하면 최고의 선물이 될 것이라고 생각했죠.
메모라는 이름이 어딘가 익숙하지 않나요? 이드리스가 메모를 찾아서 선물하려면
여러분의 도움이 필요해요.

바다거북

이드리스는 파도 밑으로 잠수한 지 얼마 지나지 않아서 물속에서는
숨을 오래 참을 수 없다는 사실을 깨달았어요. 그래서 바다거북을
찾아 나섰죠. 하지만 이드리스는 바다거북에 대해 미리 조사해
본 적이 없었어요. 만약 그랬다면 아기 바다거북이 성체로 자랄 때만
인갑을 떨군다는 사실을 알았을 텐데 말이죠.

올챙이 티미

이드리스 딴에는 좋은 생각이 있었어요. 열대어는 따뜻하거나 미지근한 바다에서만 스폰된다는
사실을 알고 있었지만, 이드리스에게는 모든 바다가 차갑게만 느껴져서 분간을 할 수 없었죠.
그래서 티미를 양동이에서 꺼내주면 곧 자라게 될 거라는 생각을 떠올렸어요. 티미가 자라서
흰색이나 주황색 개구리가 되면 자신이 있는 곳이 따뜻하거나 미지근한 바다임을 알 수
있는 거죠. 하지만 티미가 헤엄쳐서 도망갈 거라는 예상은 하지 못했어요. 이런!

비타민 바다를 헤엄쳐

이드리스가 바비의 생일 선물을 찾아서 바닷속 깊이 잠수했어요.
오, 이것 봐요! 난파선을 발견했어요. 이드리스가 원하는 것을 찾을 수
있게 도와주실래요?

바다 유적의 바닥에

이드리스는 탐색을 계속하다 바다 유적을 발견했어요!
우리 친구가 드라운드나 가디언에게 잡히기 전에 열대어, 바다거북,
올챙이 티미를 찾을 수 있도록 도와주세요.

허스크를
사냥하라

생존전문가 사미코는
어떤 생물 군계에서도 잘 살 수 있다고 믿어요.
그 생각이 맞기를 바라자고요!

사미코는 아무것도 지니지 않은 채 사막으로 모험을 떠났어요.
아마 도전을 좋아해서 그랬겠죠. 다행히도 사미코는
해가 지기 전에 마을에 도착했어요. 하지만 불행히도 그 마을은
좀비들이 침범하는 중이었고 사막의 햇살 아래라고
항상 안전한 것도 아니에요. 조심해요,
사미코. 저기 허스크가 있어요!

생존전문가 사미코

사미코는 생존 분야에 자신이 넘쳐요. 사실 사미코는 너무 자신감이 넘쳐서 새로운 모험을
시작하기 전에 보관함을 전부 비워 버릴 정도예요. 하지만 이번에는 여행 전에 간식이라도 챙기는
것이 현명한 선택이었을 거예요. 사막에는 먹을 것이 풍부하지 않으니까요. 다행히도 사미코에게는
곤란한 상황에서도 살아남는 요령이 있어요. 그런 상황을 자주 당하기 때문에
꽤 유용한 능력이죠!

허스크

좀비는 다른 곳과 마찬가지로 사막에도 스폰되지만,
다른 생물 군계와 달리 해가 떴을 때 모든 좀비가 죽지는 않아요.
그중 일부는 낮에도 생존할 수 있는 끔찍한 좀비 변종인
허스크로 스폰되거든요. 조심해요, 사미코!
한 마리가 지금 다가가고 있어요!

페르시안 고양이

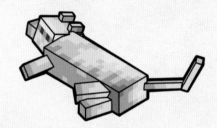

사미코는 자신이 고양이를 좋아한다는 걸 깨달았어요.
그중에서도 페르시안 고양이를요. 그 베이지색이 너무나 마음에
들었거든요. 사미코는 페르시안 고양이를 찾기 위해 여러 곳을
돌아다녔지만 운이 따르지 않아 오늘은 사막 마을에 가보기로
결심했어요. 솔직히, 페르시안 고양이는 정말 예뻐요!

치킨 조키

야호! 치킨이다! 사미코의 식량 부족 문제가 해결되었어요.
이리 와요, 사미코! 그런데 잠깐. 저 치킨에 아기 좀비가 타고 있네요.
숨어요, 사미코! 치킨은 맛있지만 아기 좀비는 사악해요! 이런 몹 조합은
사미코가 꼭 피해 다녀야 해요! 여러분은 사미코가 피해를 입기 전에
치킨 조키를 발견할 수 있을까요?

살인 토끼

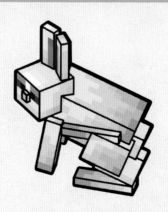

조심해요, 사미코! 그냥 평범한 토끼라고 여기기 쉽지만, 그 몹은 아주 사나운 녀석이에요.
누군가가 살인 토끼를 스폰한 거예요! 사미코가 너무 가까이 다가가면 살인 토끼는
달려들어 공격할 거예요. 여러분은 사미코가 공격당하기 전에 이들의 사악한 붉은 눈을
발견할 수 있을까요?

널 사막에 버려두진 않을 거야

사미코가 살인 토끼, 허스크, 치킨 조키와 마주치지 않고 페르시안
고양이를 발견하도록 도와주실래요? 이 더위 속에서 그런 몹들을 피해
달려야 한다면 끔찍한 경험이 될 거예요!

19

사악한 마녀가 말썽이군

사미코는 새 애완동물을 찾느라 너무 바빠서 적대적인 몹에는 신경을
쓰지 못했어요. 마녀가 사미코에게 투척용 물약을 던지는 바람에,
뭘 찾기가 더 어려운 상황이 되었어요! 사미코를 도와주실래요?

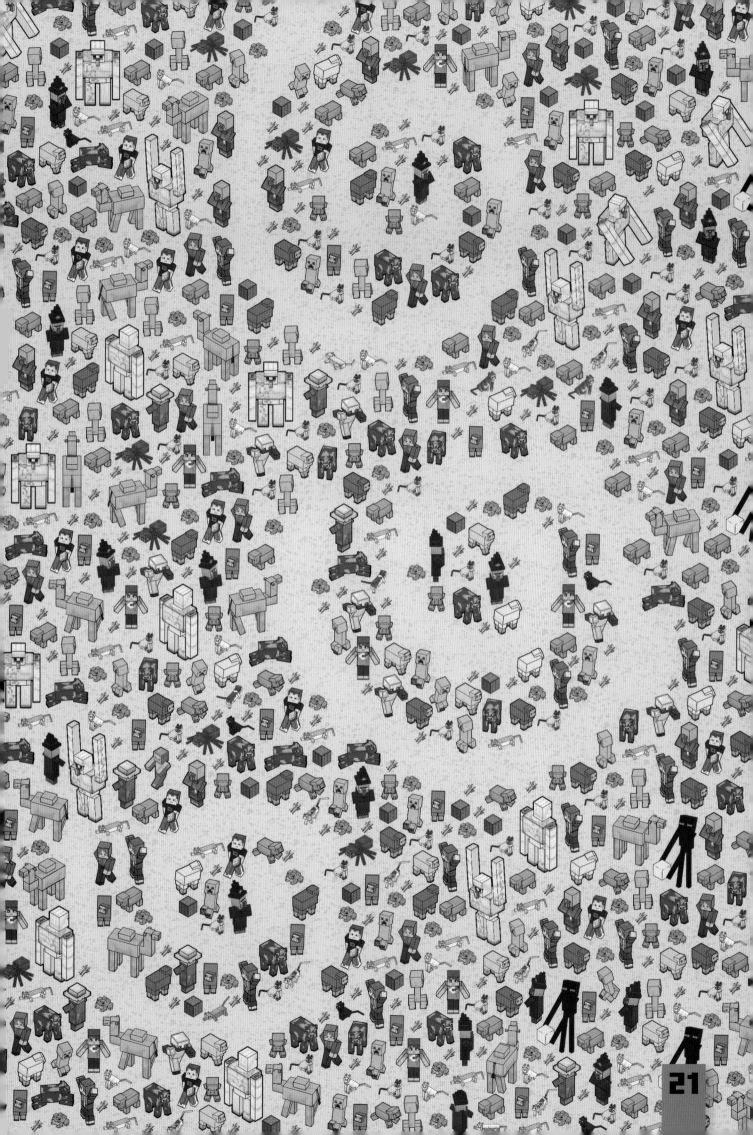

21

좀비
주민을
탐지하라

호기심 많은 커리나는
항상 책읽기에 푹 빠져 있어요.

오, 안 돼! 커리나가 열심히 일해 새로 건설한 마을이
침략당하고 있어요. 이 난리통에 충직한 두 동료와도 헤어졌죠.
바로 알레이 앨런과 늑대 울프릭이에요.
여러분이 커리나를 도와서 친구들을 찾아주실래요?
성가신 마녀와 가까이에 도사린 좀비 주민의 위협에
조심해야 해요.

호기심 많은 커리나

새 책을 얻기 위해서라면, 커리나는 무슨 일이든 할 수 있어요. 구조물을 약탈하고 몹과 싸우는 것까지도 포함해서요. 심지어 주민들로부터 책을 얻어내기 위해 새 생물 군계에 마을 하나를 통째로 건설하기도 했죠. 덕분에 이제 도서관에 엄청나게 많은 책을 소장하게 되었지만, 거기에 파묻혀 주변에서 벌어지는 혼란을 알아차리지 못할지도 몰라요.

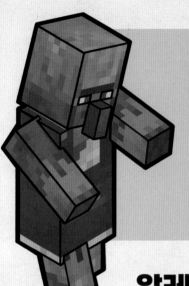

좀비 주민

그어어! 어디서 나는 소리일까요? 이런, 커리나의 다정한 마을 주민 중 한 명이 좀비 주민으로 변했어요! 이대로 그냥 있을 수는 없어요. 커리나의 책에 치료 방법이 적혀 있을 거예요. 좀비 주민을 빨리 찾으려면 여러분의 도움이 필요해요. 이 불쌍한 영혼을 찾아 주실래요?

알레이 앨런

커리나는 새 책을 찾으려고 약탈자 전초기지를 수색하다가 앨런을 우리에서 풀어줬어요. 앨런은 매우 귀여울 뿐만 아니라 블록도 주워 줘서 아주 편리해요. 새 책을 빨리 읽고 싶어서 전초기지를 서둘러 떠난 커리나는 약탈자 대장을 물리쳤는지에 대한 기억이 가물가물해요...

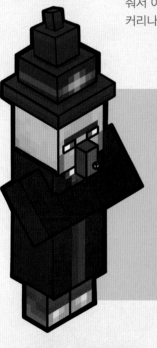

마녀

오, 이런. 가까이에 사악한 마녀가 있어요. 마녀가 커리나를 보기 전에 여러분이 발견해야 해요. 마녀는 플레이어에게 해로운 투척용 물약을 던지는데, 커리나는 앞도 제대로 안 보고 다녀요. 진짜로, 커리나. 책 좀 그만 읽어요. 지금은 그럴 때가 아니에요! 아, 도저히 두고 볼 수가 없어요. 이대로는 그냥 나 잡아달라는 거나 마찬가지예요! 여러분이 도와주실 거죠?

늑대 울프릭

울프릭은 커리나가 가는 곳마다 함께하며 스켈레톤을 손봐 줘요. 커리나가 책을 읽으면서 걸을 수 있도록 말이죠. 이 늑대를 잃으면 커리나의 마음은 찢어질 거예요. 여러분이 울프릭이 있는 위치를 찾아내 주실래요?

23

약탈자 대 주민

커리나가 자리를 비우자마자 마을 습격이 시작되었어요. 이제 커리나가
몇 주나 고생해서 만든 마을이 약탈자들의 침략을 받고 있어요!
커리나가 친구들을 찾고 습격에서 무사히 탈출할 수 있도록 도와주세요!

독서가의 새벽

마을 주민들이 새 마을의 완공을 축하하기 위해 축제를 열고 있어요.
하지만 잠깐만요. 누가 신음소리를 내는 걸까요? 이런, 좀비들이
침입하기 시작했어요! 빨리 커리나를 도와 친구들을 찾아주세요!

좀비화
피글린을
찾아라

**모험가 아놀드는
좀비를 피해야 하는 임무를 맡고 있어요.**

아놀드는 네더에 집을 만들었어요. 물론 네더는
용암으로 가득 차 있고, 성질이 나쁘고 이상할 정도로
금에 집착하는 피글린과 화염구를 발사하는 몹이 있긴 하죠.
하지만 좀비는 없어요. 좀비는 최악이에요. 그리고 아직은...
지금은 보지 말아요, 아놀드. 네더에는
처음 생각만큼 좀비화 몹이 없는 게 아니었어요!
여러분은 이런 몹을 전부 발견할 수 있나요?

모험가 아놀드

아놀드에게 인사해 보세요. 여러분이 좀비가 아니라면 말이죠. 아놀드는 좀비를 싫어해요.
한 번은 좀비가 불쌍하고 순진한 아기 바다거북을 죽이는 것을 보고, 그 이후로 다시는
좀비를 보지 않겠다고 결심했거든요. 문제는 오버월드에 좀비가 너무 많다는 점이에요.
그래서 아놀드는 네더로 가기로 결심했죠. 하지만 이제 보니 여기에도 좀비화된 몹이 있어요.
아놀드가 좀비화된 몹을 보기 전에 서둘러서 그 몹들을 네더 차원문으로 밀어내세요!

좀비화 피글린

어리석은 피글린이 오버월드로 휴가를 가기로 결심했어요.
이 차원이 자신에게 미칠 이상한 영향을 알지 못했나 봐요!
안타깝게도 좀비가 된 피글린은 치료할 수 없어요. 네더로
돌아가더라도 마찬가지죠. 여러분은 숨어있는 좀비화
피글린들을 발견할 수 있을까요?

좀비화 피글린 조키

좀비화 피글린이 또 나왔어요! 게다가 이 녀석은 용암까지 건넌다니까요! 좀비화 피글린이
스트라이더 위에 스폰될 줄 누가 알았겠어요?! 여러분도 스트라이더에 올라타서 대비하지
않는 한, 이 사나운 몹 듀오는 멀리서 물리치는 것이 최선이에요!

조글린

야호, 돼지고기다! 잠깐만요. 저건
호글린이 아니라 조글린이에요! 우엑.
이 몹의 썩은 살을 먹고 싶은 사람은
아무도 없을 거예요. 포만감은커녕 배고픔
효과를 주거든요. 아놀드한테서 멀리
떨어뜨려야겠어요.

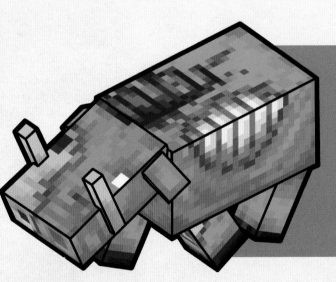

돼지

이런, 한 마리 놓쳤어요! 오, 잠깐만요. 이건 그냥 돼지네요.
만세! 드디어 반격하지 않는 돼지고기예요!
돼지가 용암 구덩이에 빠지기 전에 서둘러야 해요!
미안, 돼지야.

네더라고 하지 마

네더는 혼돈 그 자체예요. 아놀드는 무슨 생각으로 이곳에 이사를 왔을까요?! 보루 잔해를 탐색해서 아놀드를 찾고 좀비화 몹들로부터 멀리 떨어뜨려야 해요.

한 바퀴 돌아볼까

아놀드는 방금 분명히 좀비화 피글린을 봤어요. 하지만 눈을 깜빡이니 보이는 건 피글린뿐이에요. 그래서 주위를 둘러보고 있어요. 저기 있나? 아니, 저기? 아놀드는 빙글빙글 돌다가 어지러워졌어요.

또 무엇을
찾을 수 있을까?

축하해요!
모든 탐험가를 찾아냈어요!
그들을 잘 도와주셨죠?

모두를 발견하고도 살아남아 이야기를 전할 수
있었다니 여러분은 정말 대단한 탐험가인 것 같아요!
그 탐험은 어떤 이야기들이었을까요? 이야기는 안 쓰여 있다고요?
당연하죠. 뭘 기대하신 거에요. 분명 놓친 게 많을 거예요!
다시 돌아가서 기억을 되살려보는 건 어떨까요?
여기 있는 보너스 아이템을 모두 찾을 수 있는지
확인해 보세요.

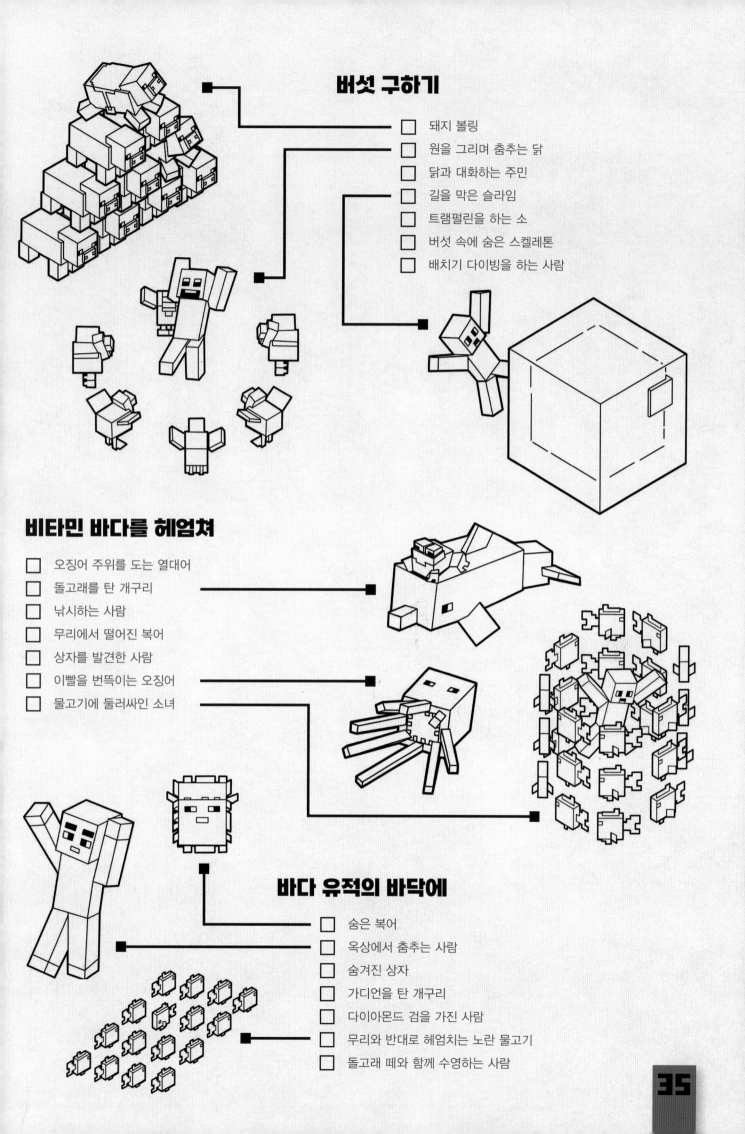

버섯 구하기

- [ ] 돼지 볼링
- [ ] 원을 그리며 춤추는 닭
- [ ] 닭과 대화하는 주민
- [ ] 길을 막은 슬라임
- [ ] 트램펄린을 하는 소
- [ ] 버섯 속에 숨은 스켈레톤
- [ ] 배치기 다이빙을 하는 사람

비타민 바다를 헤엄쳐

- [ ] 오징어 주위를 도는 열대어
- [ ] 돌고래를 탄 개구리
- [ ] 낚시하는 사람
- [ ] 무리에서 떨어진 복어
- [ ] 상자를 발견한 사람
- [ ] 이빨을 번뜩이는 오징어
- [ ] 물고기에 둘러싸인 소녀

바다 유적의 바닥에

- [ ] 숨은 복어
- [ ] 옥상에서 춤추는 사람
- [ ] 숨겨진 상자
- [ ] 가디언을 탄 개구리
- [ ] 다이아몬드 검을 가진 사람
- [ ] 무리와 반대로 헤엄치는 노란 물고기
- [ ] 돌고래 떼와 함께 수영하는 사람

널 사막에 버려두진 않을 거야

- [ ] 고양이를 훔치는 엔더맨
- [ ] 양에게 짓밟히는 사람
- [ ] 크리퍼 다섯 마리의 수상한 모임
- [ ] 플레이어와 꽃을 교환하는 철 골렘
- [ ] 모래성을 쌓는 사람들
- [ ] 머리에 잭 오 랜턴을 쓴 사람
- [ ] 용암에서 수영할 수 있는지 고민하는 토끼

약탈자 대 주민

- [ ] 깃털로 약탈자를 간지럽히는 사람
- [ ] 달걀을 던지는 닭
- [ ] 큰 소리로 명령하는 약탈자 대장
- [ ] 양 떼 군대를 모으는 철 골렘
- [ ] 날아다니는 스테이크
- [ ] 수박을 통째로 먹는 사람
- [ ] 크리퍼를 한 군데로 모으는 고양이들

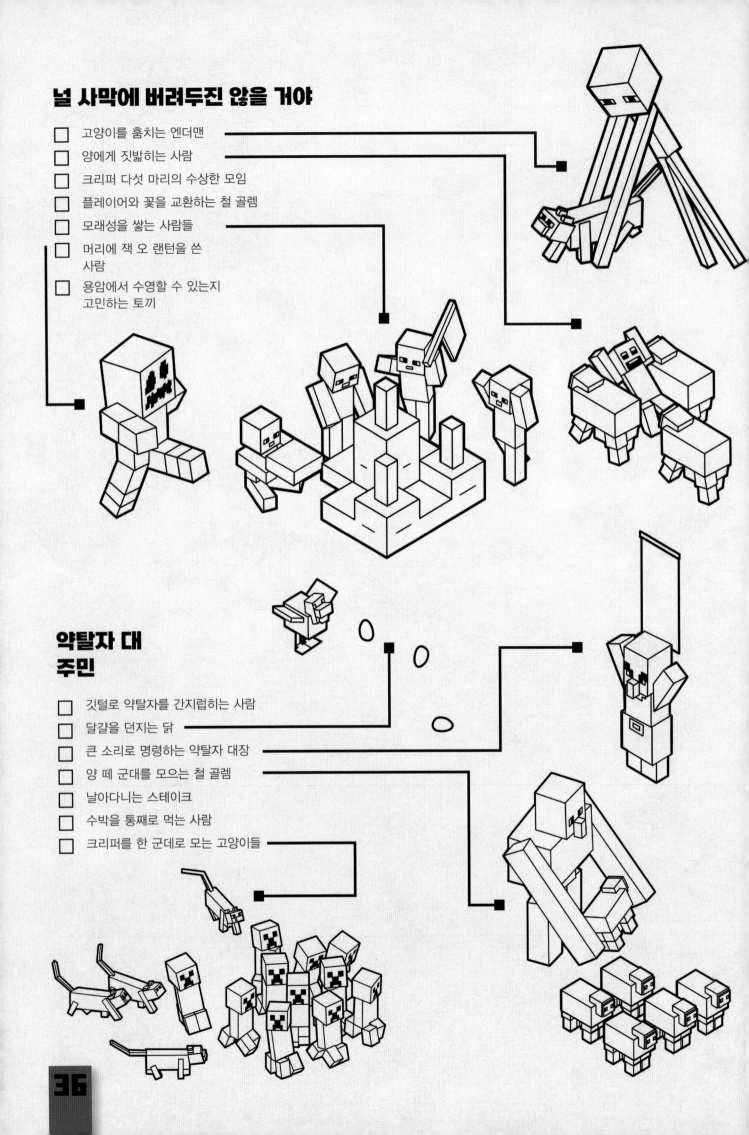

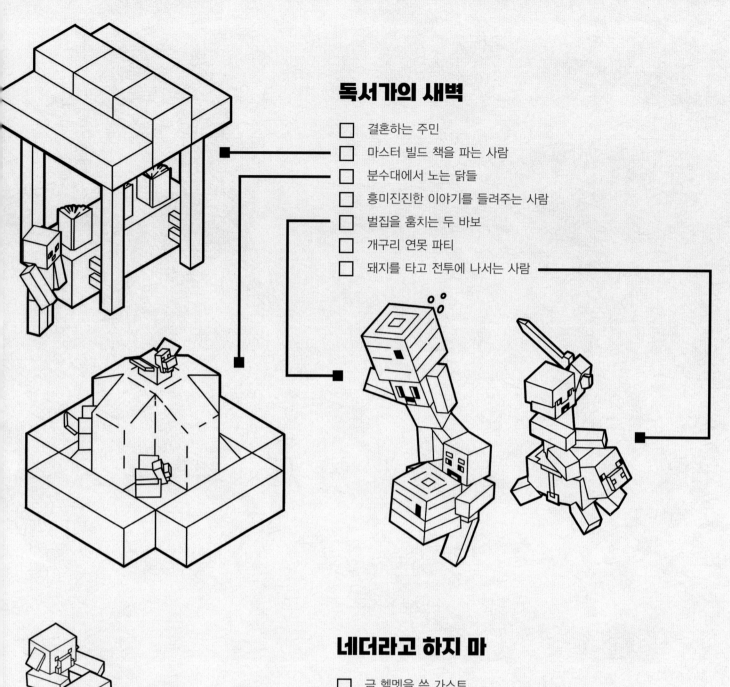

독서가의 새벽

- ☐ 결혼하는 주민
- ☐ 마스터 빌드 책을 파는 사람
- ☐ 분수대에서 노는 닭들
- ☐ 흥미진진한 이야기를 들려주는 사람
- ☐ 벌집을 훔치는 두 바보
- ☐ 개구리 연못 파티
- ☐ 돼지를 타고 전투에 나서는 사람

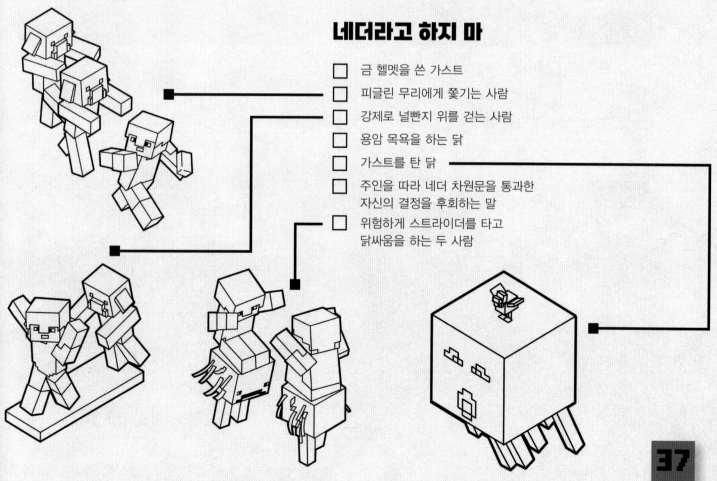

네더라고 하지 마

- ☐ 금 헬멧을 쓴 가스트
- ☐ 피글린 무리에게 쫓기는 사람
- ☐ 강제로 널빤지 위를 걷는 사람
- ☐ 용암 목욕을 하는 닭
- ☐ 가스트를 탄 닭
- ☐ 주인을 따라 네더 차원문을 통과한
  자신의 결정을 후회하는 말
- ☐ 위험하게 스트라이더를 타고
  닭싸움을 하는 두 사람

해답

이제 모험이 완료되었습니다! 전부 찾으셨나요?
올챙이 티미가 빠져나갔나요? 아니면 알레이 앨런이 날아가 버렸나요?
아래에서 각 장면의 해답을 확인하고
놓친 것이 있는지 찾아보세요.

구분: 탐험가 퀘스트 = **흰색**   또 무엇을 찾을 수 있을까? = **빨간색**

좀비를 찾아라

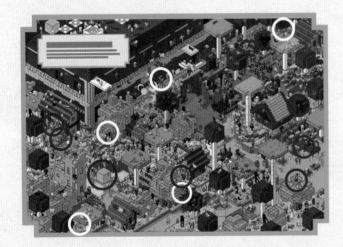

버섯 구하기

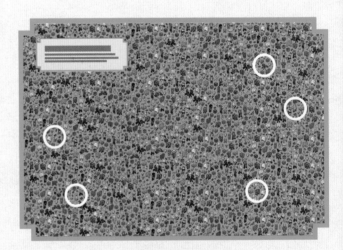

똑딱 똑딱... 쾅!

드라운드를 발견하라

비타민 바다를 헤엄쳐

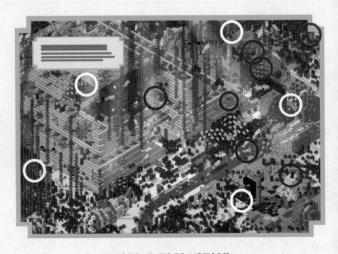

바다 유적의 바닥에

허스크를 사냥하라

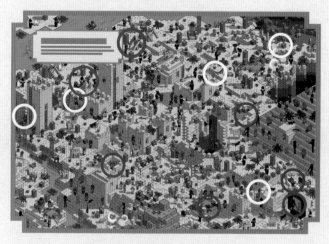

널 사막에 버려두진 않을 거야

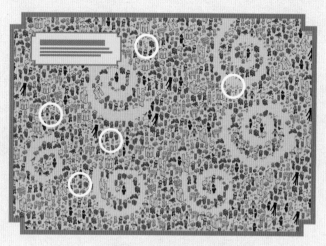

사악한 마녀가 말썽이군

좀비 주민을 탐지하라

약탈자 대 주민

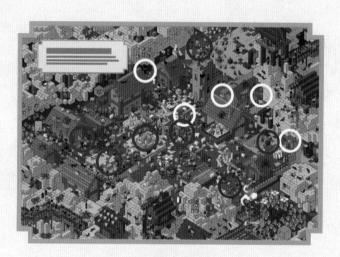

독서가의 새벽

좀비화 피글린을 찾아라

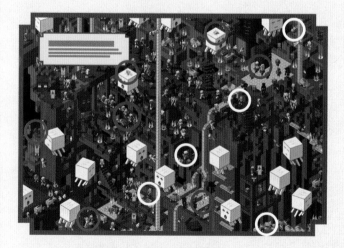

네더라고 하지 마

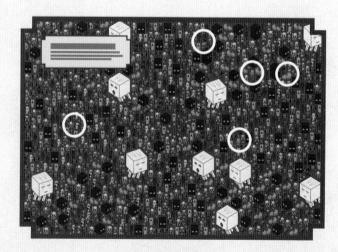

한 바퀴 돌아볼까

마인크래프트
좀비를 찾아라

First published in Great Britain in 2024 by Farshore

An imprint of HarperCollinsPublishers The News Building, 1 London Bridge Street, London SE1 9GF
www.farshorebooks.co.uk

HarperCollinsPublishers
Macken House, 39/40 Mayor Street Upper,
Dublin 1, D01 C9W8, Ireland

Illustrated by Joseph Moffat-Peña
Special thanks to Sherin Kwan, Alex Wiltshire, Jay Castello,
Kelsey Ranallo and Milo Bengtsson.

This book is an original creation by Farshore
© 2024 HarperCollinsPublishers Limited

This book is an original creation by Farshore

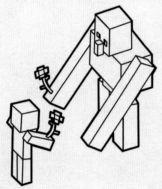

MOJANG
STUDIOS

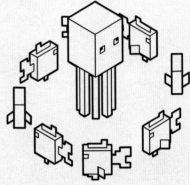

이 책의 한국어판 저작권은 키즈마인드 에이전시를 통해
HarperCollinsPublishers Ltd와 독점 계약한 ㈜영진닷컴에 있습니다.
신 저작권법에 의해 한국 내에서 보호를 받는 저작물이므로 무단 전재와 복제를 금합니다.

1판 1쇄 2024년 12월 31일
ISBN 978-89-314-7750-4
발행인 김길수
발행처 (주)영진닷컴
주 소 서울특별시 금천구 디지털로9길 32 갑을그레이트밸리 B동 10층
등 록 2007. 4. 27. 제16-4189호
저자 Mojang AB | 역자 강세중 | 진행 김태경 | 편집 김효정